Rencontre avec Vincent

UNE VISITE AU MUSEE D'AMSTERDAM

Christine Moiroux Sedraine

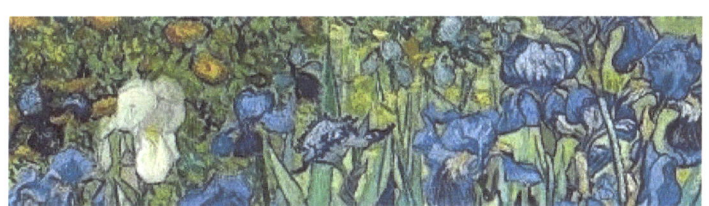

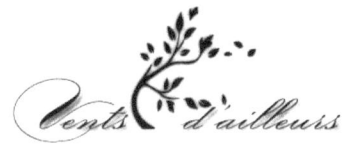

Copyright France

ISBN : 978-2-9552738-0-7

Rencontre avec Vincent

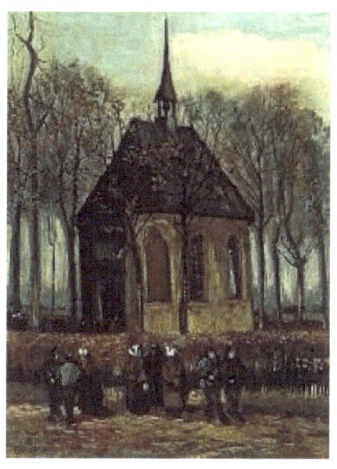

La femme enterra son enfant, le tombeau refermé, très vite, comme pour le remplacer, elle en attendit un second. Un bébé naquit qu'elle baptisa Vincent, du même prénom que le premier. Dès qu'il apprit à lire, l'enfant s'aperçut qu'au cimetière une stèle portait déjà son nom. Il sentit une souffrance obscure s'emparer de lui et en fut bouleversé. De ce jour, son âme le tourmenta.

Quand Vincent fut en âge, son père voulut qu'il fasse du commerce, d'art certes, mais du commerce tout de même. Le jeune homme obéit aveuglément à l'injonction car il n'osait à cette époque imaginer aucun autre chemin. Pourtant, la voie terre à terre des affaires se révéla escarpée et, Vincent fit très vite demi-tour, préférant s'employer à faire reculer le diable pour soigner son âme.

Muni d'une arme, la compassion, ainsi que du désir instinctif de se rapprocher de Dieu, il s'en alla prêcher par les campagnes. De village en village, il se colleta au tragique de l'existence terrestre. Ils étaient nombreux ceux qui venaient boire ses paroles comme ils prendraient des remèdes contre l'indigence, très nombreux à chercher un soutien, trop nombreux à implorer le pardon. Vincent sermonnait, encourageait, guidait avec des mots sortis de son missel ; des mots vivants et sincères cependant, qu'il tentait de cultiver au plus profond de lui-même. Sa ferveur, sa sensibilité et son courage lui valurent une grande popularité parmi les paysans. Avec foi et don de soi, il tentait d'offrir quelque soulagement aux fidèles. Toutefois, son âme prématurément née trébuchait dans sa tempête sans trouver une place dans l'ordre des hommes.

Bientôt, quelques questions chagrines s'imposèrent à son esprit et ne le quittèrent plus. Que sais-je de Dieu pour l'évoquer comme un ami ? Comment puis-je m'inspirer de sa parole alors qu'il se dérobe à moi ? Telles étaient les questions qui le taraudaient. Ses réflexions prolongèrent le malaise jusqu'au moment où, constatant combien l'abîme se creusait entre Dieu et lui, entre Dieu et les hommes, il douta vraiment.

Vincent ressentit avec effroi la férocité exigeante de sa conscience, et un jour, le sentiment d'usurper la place de prédicateur l'envahit pour de bon. Dans son esprit, il était confusément question de pardon et de consolation, de visible et d'invisible, qu'il ne savait délier pour mener une vie à la mesure de ses besoins. Lui, oh ! âme trop vite réveillée, comprit qu'il devait marcher hors des sentiers balisés parcourus jusque-là.

Égaré dans une douleur à la fois déconcertante et tenace, il lui fallait quelqu'un à qui demander conseil pour trouver sa voie dans l'obscurité où il se débattait. Il se tourna naturellement vers son petit frère Théo, l'oreille attentive qui, dès leur enfance, apaisait le feu de ses obsessions. Trop frêle pour supporter le fardeau

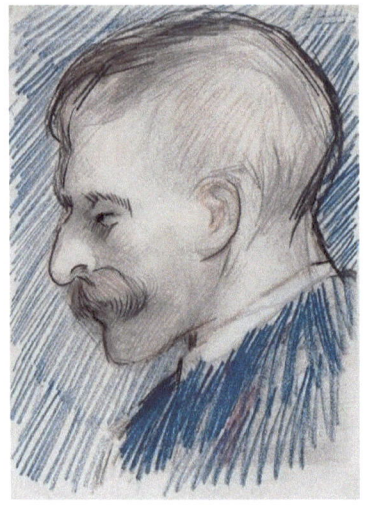 qui lui avait été dévolu à la naissance, Vincent avait besoin de cette béquille pour le soutenir.

Imaginant que son frère connaissait l'ordre caché des êtres, Vincent s'en remit totalement au jugement de Théo qui l'aida à s'abstraire de la rude vie de missionnaire en lui procurant crayons, pinceaux et couleurs pour remplacer livre de prières et chapelet. Il l'incita ainsi à développer son talent et lui ouvrit un espace de liberté. Plongé dans l'espérance d'un quelque chose d'indéfinissable, dès ses premiers pas en dessin, Vincent sentit s'installer une paix légère dans son esprit qui menaçait de chavirer. Il avait la conviction qu'en dessinant il se rapprochait plus sûrement de Dieu qu'auparavant.

Personne d'autre mieux que Théo ne pouvait comprendre ses doutes, encore moins son père qui voyait depuis toujours la vie de Vincent tournée soit vers le commerce d'œuvres d'art, soit vers le sacerdoce.

Rencontre avec Vincent

A son endroit, le jeune artiste se comporta maladroitement : il quitta tout sans un mot d'explication, dans le simple but de peindre. Il voulait rester honnête en arrêtant de mentir, mais, les siens ne le comprirent jamais et durent se contenter d'interrogations mal posées. Vincent alluma ainsi en leur cœur des ressentiments que sa vie durant il attisa, malgré lui, à la forge de ses tourments.

Il se mit donc à dessiner pour apaiser son âme et… réjouir la mienne des années après… car aujourd'hui, je suis à Amsterdam, au musée consacré au peintre. Je viens y contempler les œuvres que j'ai jusque-là vainement interrogées à travers des livres d'art.

Dans la première salle peu éclairée je découvre avec étonnement tes premiers croquis, Vincent. De sombres images nourries à la lumière du feu de l'âtre, qui insidieusement, tirent un voile de mélancolie sur mon coeur. Compassion, tristesse, tendresse pour les Hommes se dégagent de tes œuvres de grand adolescent. La terne monotonie des sujets douloureux que tu abordes célèbre l'authenticité et la pauvreté dans le mouvement harmonieux d'une épaule ou d'une main.

Je sens très clairement la force pénétrante de tes images. Elles exhalent des odeurs de sueur, de bois flambant dans les cheminées, de terre humide retournée à la force des bras. Au fil des représentations tu ajoutes cependant davantage de lumière, et le trait, d'abord grave et mélancolique, se transforme peu à peu en éclats plus légers, francs et audacieux. Vincent, tu recherches le beau et le vrai dans le simple.

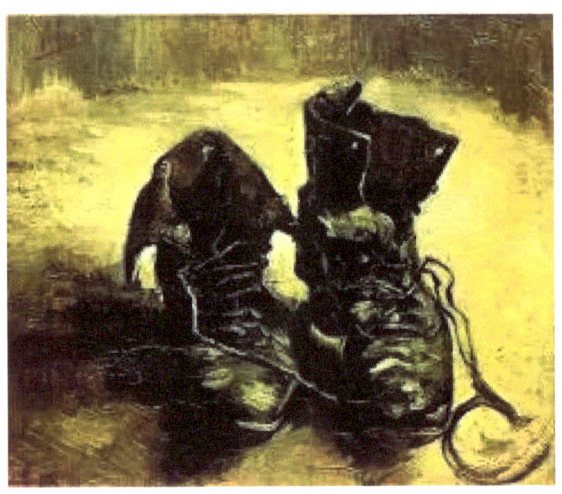

Soudain, contre toute attente, une image prosaïque accroche mon regard : une paire de croquenots tourmentés est posée là sur un écrin de lumière dorée. La nature morte, de simples chaussures éculées, laisse éclore dans mon imagination des images criantes, vraies, nues d'hommes et de femmes suant à la tâche. Ces figures si claires et terribles à la fois finissent par chatouiller ma gorge.

Je note dans mon carnet : Vincent ne chante pas seulement la beauté des choses banales et usées, il cultive ici très subtilement l'art de la personnification ; déformés, éreintés, humbles et pathétiques les godillots le sont visiblement tout autant que leur propriétaire ; dans un plaidoyer de bruns et de noirs, sans imiter ni reproduire, le peintre dissèque son sujet en lui offrant à la fois corps et âme, si bien que sa présence au monde en devient obsédante.

Désormais paralysée par un bonheur mélancolique, le cœur chamboulé, l'âme happée, le regard et l'esprit aux aguets, j'attends de me laisser éblouir encore plus loin, plus beau. Impatiente de plonger dans son regard pour y débusquer son âme, le cœur battant, je me mets en quête des autoportraits. Je les trouve très vite, j'observe, fouille l'expression de ses différents visages pour n'y trouver que des regards ternes, vides, muets. Tu n'y es pas vraiment, Vincent, dans ces représentations. Toi, tu ne savais pas que la flamme qui consumait ton âme dans tes yeux s'allumait aussi, comment aurais-tu pu la laisser transparaître ? Déçue et touchée de n'avoir trouvé qu'affliction dans ces visages, je finis par quitter la salle à regret.

En revanche, toutes les images que j'avais admirées dans les livres, les paysages, les natures mortes, les vues citadines que je retrouve un peu plus loin accrochées aux murs, soudain se revêtent d'un éclat splendide qui dépasse les attentes de mon imagination.

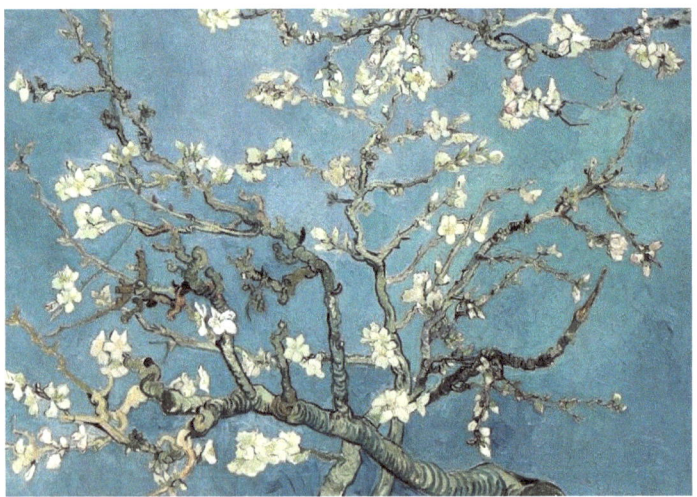

Devant les énigmes que Vincent donne à contempler, à travers les surprises que réserve chaque toile, mille nouvelles interrogations viennent se bousculer dans mon esprit. Je me tourne de toutes parts pour ne pas en manquer une seule, ni des anciennes, ni des nouvelles.

Comment se fait-il, Vincent, que tes représentations expriment si brillamment l'indicible ? Ici, tu dénudes chacune des fleurs de l'amandier, comme s'il en neigeait dru, tu en constelles le ciel d'un bleu infernal montrant que ton génie, à la manière d'un pèlerin, chemine vers la lumière.

Toile après toile, la palette des sentiments s'élargit aussi. Je suis ébahie. Quand tu déshabilles innocemment les brins d'herbe un à un, qu'as-tu vu là ? Et, là-bas ? Quand avec la puissance d'un forgeron tu t'acharnes sur les braises d'un feu d'enfer ; quand tu fouilles, crèves, luttes obstinément pour dépouiller les éléments de leur voile obscur ; quand tu dégages la matière de sa gangue de mystère et dévoile le pur éclat de son âme… dis, qu'as-tu vu ?

L'homme pourrait-il jamais répondre à telles infernales questions ? Je ne m'en soucie guère et continue de contempler l'au-delà de la matière où, je sens les bleus, les verts et les blancs s'épancher en un souffle commun. Vincent, tu ouvres ainsi des perspectives hallucinantes

Rencontre avec Vincent

qui cherchent d'évidence la gaieté et l'espérance dans l'invisible. Ta flamme, je la vois s'élever, nue, vraie dans la couleur, elle t'empêche de raisonner et te pousse à transgresser les stéréotypes picturaux. Ouste les faux semblants ! Les commentaires ! Tu cherches la vérité, nue. Est-ce en étalant sincérité et amour que tu donnes tout naturellement à penser au divin ? Quel est ton secret ?... Quel est ton sec…?

Soudain, une voix profonde interrompt mes réflexions : « Regarde mon âme planer au-dessus du champ de blé », susurre-t-elle.

Les mots coulent un à un derrière moi. Je me retourne. Quelqu'un est assis sur un siège haut dans un angle de la salle, je ne l'avais pas remarqué jusque-là. Je m'approche, je n'en crois ni mes oreilles ni mes yeux : Vincent est là qui s'adresse à moi ! Le coup de théâtre est de taille. J'ai à la fois envie de rire et de pleurer, de l'embrasser ! Je n'en fais cependant rien tellement je suis si intimidée.

Vincent regarde humblement ses mains, puis, s'enhardissant, il relève la tête et cherche mon regard. Ses grands yeux vivants laissent transparaître de son être entier une lumière caressante. Je suis médusée. Je hasarde un pas dans sa direction, il me laisse approcher, mais arrête mon élan en pointant du doigt *Champ de blé à l'alouette*, devant lequel je suis restée saisie, pendant quelques minutes. Vincent répète ces mots : « Regarde mon âme planer au-dessus du champ, entre ciel et terre. »

Je reviens à la toile : le vent couche les blés, fait se bousculer les nuages, une alouette vole ballottée par le courant. Je cherche et j'ai enfin le sentiment de frôler un secret. Vincent vient de me dévoiler son portrait, le seul vrai que je cherche vainement depuis ce matin.

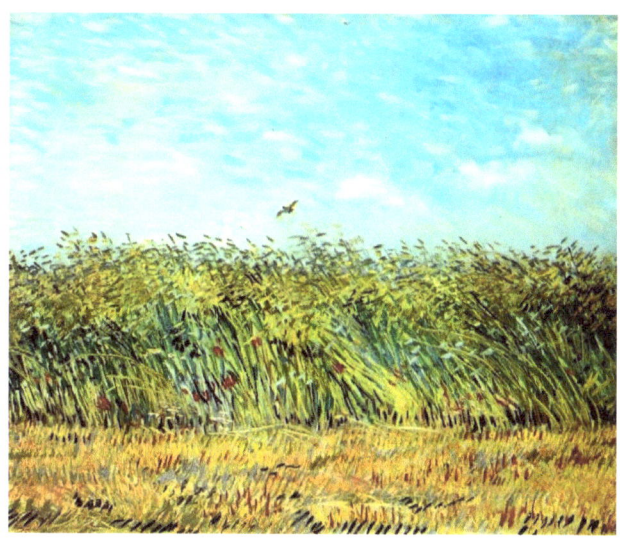

Rencontre avec Vincent

« Bien peu préparée à vivre le monde auquel elle s'accordait mal, mon âme voguant dans des contrées incertaines tentait d'apprivoiser la réalité en même temps que, lentement, mes forces s'épuisaient dans l'incandescence de son souffle. Je peignais en écoutant mon cœur qui recelait une infime partie de l'âme du monde. C'est lui qui dialoguait avec les fleurs, les arbres, la terre, les oiseaux, l'univers. »

Je suis à la fois abasourdie et heureuse de cette rencontre. Aux anges pour tout dire. Je fouille désespérément dans ma conscience en quête de quelque parole à lui offrir. Y aurait-il seulement un mot que je pourrais prononcer devant ce prodige ? Aucun ne se présente à mon esprit captivé.

Au bout d'un temps, le temps que nous nous accoutumions l'un à l'autre, Vincent reprend d'une voix empreinte de modestie, comme s'il n'avait pris aucune avance sur le commun des mortels. « Quand j'observais les arbres, j'appelais la main céleste, celle qui conduit l'émotion au bout des pinceaux. Parfois elle répondait à mon appel et m'aidait à coucher sur le canevas leur patience devant l'éternité en y déposant leur parfum…

je tentais ainsi vainement de capturer mon âme à moi, qui, sans racines terrestres, était restée quelque part, là-bas, flottant au-dessus de la terre… »

Vincent affiche le sourire d'un ange encore ébloui des feux de Dieu.

Je ne respire plus tant sa voix me happe vers l'infini. Je bois chacune de ses paroles qu'il accompagne de petits mouvements de tête en direction des toiles. Dans les murs de la salle s'ouvrent alors autant de fenêtres sur des horizons parfois chagrins, souvent empreints d'un optimisme forcené.

« J'attendais les couleurs qui chanteraient les atermoiements de mon âme. Quand j'avais trouvé ce qui mobilisait toutes mes aspirations, reprend-il, le frisson du vent me traversant menait ma main vers l'invisible, je sentais en moi frémir le jumeau céleste dont on m'avait séparé, et parfois, je voyais le monde basculer au plus profond d'insondables sillons… Mon âme mal née coulait au bord de mes paupières : je jouais alors des gammes de jaunes, de bruns et de bleus composant ainsi des symphonies en hommage à l'univers. »

Vincent s'arrête pendant quelques secondes puis il continue sa confidence dans un murmure encore plus timide : « Sache que c'est donner beaucoup trop de pouvoirs aux couleurs que de laisser les unes consoler et les autres cajoler. Même celles inspirées par Dieu ne sont pas assez fortes pour ranimer une âme brisée. Un jour je les ai moi-même fait définitivement taire dans la chaleur de l'été… » Cette phrase sonne comme un adieu car Vincent disparaît subitement.

La rencontre fortuite fait figure de miracle à mes yeux. Je reprends lentement mon périple à la découverte des réminiscences du peintre. Je tente de cultiver le souvenir précieux de son regard tendre, doux, inquiet à la poursuite de la paix de son âme. Au fil de mes pas, je suis de nouveau happée par la magie des visions qui dorénavant se parent d'une clarté nouvelle. J'en oublie mon amertume car, je m'aperçois avec joie et un brin d'étonnement que, malgré sa disparition soudaine il y a quelques minutes, Vincent est toujours très présent.

Dans sa chambre, sa chaise par exemple, et son lit, avec deux oreillers, un pour lui, l'autre pour celle qu'il aurait certainement voulu… Vincent est là, son dos rond penché sur la table d'écriture, il trace de sa plume impatiente des mots fiévreux.

Rencontre avec Vincent

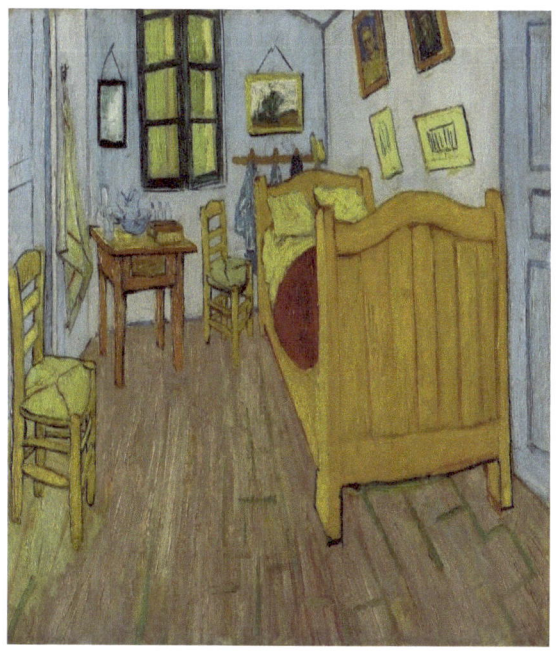

« Mon cher frère, écrit-il,

Comment pourrais-je jamais te dire ma gratitude et ma joie d'avoir quitté la vie de missionnaire grâce à toi ? Tu as permis que s'allume en moi l'espoir, et, je te remercie de m'aider à creuser l'insondable, à dessiner un lien entre moi et le monde en somme.

Dans ta dernière lettre tu me demandes comment je vis, voici pour t'édifier : chaque jour, pour respirer à l'aise, il me faut aller au bord des champs, au pied des oliviers, au cœur des blés, de chefs-d'œuvre de la nature en chefs-d'œuvre, j'y suis heureux de remplir mon âme de beautés incalculables, de celles qui l'élèvent. Quand je peins, c'est pour moi comme si j'ouvrais la porte d'un refuge où j'ensevelis la morosité des cieux qui m'ont vu naître. Dans ce temple naturel baigné de lumière, j'attends que mon coeur vacille en même temps que je crains les larmes qui viendront chatouiller mes joues.

De calme ou de tempête, Dieu me donne parfois à voir l'âme des blés, des arbres et des fleurs, je dois faire preuve de beaucoup d'attention pour qu'elle n'échappe pas à mes sens. Quand en un éclair son doigt pointe enfin la lumière, il me permet de repousser les limites de l'horizon, alors il me donne à créer des fresques aux nuances titanesques où je dois m'emparer de l'ombre et de la lumière, pour marquer des sillons torturés, des vagues déchaînées, épaisses, brunes et dures sur la terre comme au ciel.

Ah si tu voyais ! Quand Dieu est enfin là pour m'édifier, mon œil lucide et inquisiteur, en extirpant son souffle à la matière, ramène au jour des éblouissements, des confidences indiscibles, parfois effroyables, et ma main, dans l'urgence de la révélation dévoile avec véhémence l'âme du monde à ceux qui la cherchent. J'y investis toute mon énergie, celle du désespoir…Mon Dieu ! Pourquoi tant d'inquiétudes ?

La nuit dernière, je me sentais si nerveux que, pour me calmer, je me suis défilé pour peindre une pépinière d'étoiles au clair de lune. Mon être raidi se tendait entièrement vers la source et mes yeux, perchés au ciel, cherchaient le repos qu'une âme enivrée réclame sans crainte, mais avec tourment.

D'avoir scruté les firmaments pendant la nuit, j'avais très mal à la tête. Aujourd'hui, cela ne m'a toutefois pas empêché de me perdre encore une fois dans la garrigue. Je n'y ai perçu que le bruissement du vent sous les oliviers et les croassements entêtants des corbeaux. Dieu cette fois était absent, muet, poursuit-il en confidence. Le désespoir m'a alors pris car, sans lui, je ne peux révéler des secrets que je partage avec la création.

Rencontre avec Vincent

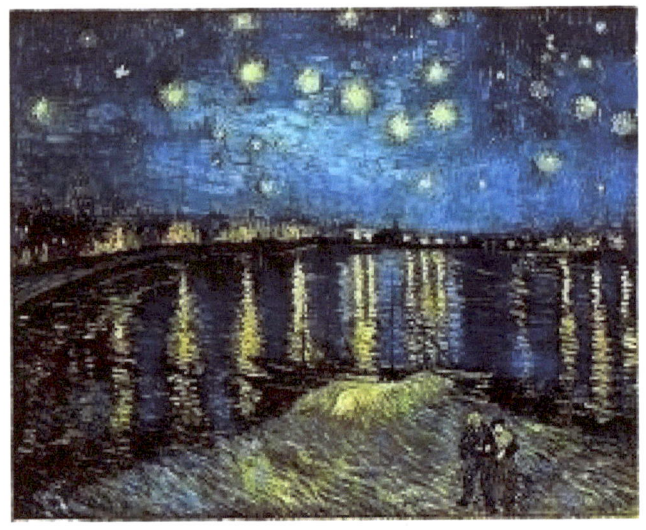

Malgré cela, demain matin je repartirai par la campagne, car, pour rester vivant, chaque jour je dois m'évertuer à repousser les barreaux de ma prison.

Théo, dis-moi si je dois encore m'obstiner dans cette quête s'il te plaît.

Au fait, il y a quelques jours, il pleuvait et le vent facétieux a déposé du sable sur la toile que je te destinais. Qu'importe, tu l'aimeras sûrement car elle parle de jaunes ! »

A tels mots forcenés, Théo répond invariablement : « Ton âme n'a peut-être pas eu le loisir de jouir du repos nécessaire, elle a pris le risque de vivre, tu dois maintenant accepter l'inéluctable. Je t'y aiderai sans jamais faillir. » Vincent connaît cette réponse mille fois réitérée. Par-dessus sa lettre il reste un moment la plume en l'air dans l'exigence encore plus vive de partager, de se rassurer, d'exprimer la douleur de sa solitude, de confier l'abîme de souffrance où il se débat. Dans un rugissement de révolte mal dirigée contre son frère, il tente un plaidoyer : « Théo, je ne peux pas seulement être juste, il me faut aussi être vrai ! » Mais les mots ne suffisent pas, il le sait, alors, dans un mouvement brusque de désespéré, il froisse rageusement entre ses deux paumes la feuille noircie et la jette dans un coin; il bouscule sa chaise, se penche, attrape un canevas rangé sous son lit, décroche du mur un sac à couleurs, le passe en bandoulière, charge son chevalet sur son épaule robuste et lance rageusement au vide de sa chambre : « Je vais à l'atelier. » Moi, je l'accompagne, me promettant de ne pas le lâcher d'une semelle.

Nous empruntons un sentier désert serpentant entre les champs de lavandes en fleurs. Il avance à longues enjambées décidées. Dans la solitude la plus complète,

Rencontre avec Vincent

Vincent traverse champs et vallées à l'affût de nouvelles images, de nouveaux voyages vers l'au-delà. Tout occupé à choisir le lieu qui lui parlera, s'il lui arrive par hasard de débusquer le diable sous une pierre du chemin, avec insouciance et hardiesse il la fait voler rageusement d'un grand coup de chaussure.

Son âme est aux prises avec l'infini. Il marche puis s'arrête, scrute, déchiffre, reprend sa quête pour s'arrêter encore. Les yeux écarquillés, comme sidéré, il reste parfois immobile, aux aguets il attend l'appel des couleurs. Finalement, il installe dans l'urgence son chevalet, et, sur la toile, dans un effarement sans nom, commence à réécrire en nuances la partition du monde.

Avec la puissance d'un désespéré, pour se venger ou se punir, de rage, aujourd'hui, il jette pinceaux et brosses dans un sillon riche et brun de terre à blé, et applique des doigts, avec véhémence, des rouges flamboyants comme si la terre suait des larmes de sang.

D'un geste combatif, lapidaire, le souffle court, rageur, dans la nécessité d'une fureur qui le dépasse, je le vois qui recouvre la toile de ses prophéties. En proie à une sorte d'extase, en quelques battements très heurtés, il met en scène figures, objets et éléments naturels donnant à contempler un monde lapidé, éclaboussé de verts, de jaunes et de terreurs. Il ouvre ainsi des perspectives sur le tragique, déchire, déchiquette ce qui pourrait rester d'illusions à l'humanité.

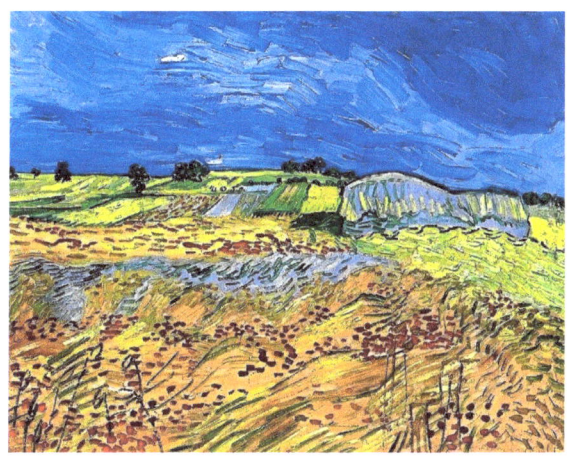

Lui s'abîme prématurément en s'acharnant à vouloir dévoiler les desseins de Dieu…. Son effroi saute aux yeux, à la gorge, il parcourt mon dos en un long frisson désagréable…

Plus mort que vif, Vincent reprend enfin le chemin du retour. Son pas syncopé marque l'hésitation, parfois aussi il chavire sous son fardeau.

Rencontre avec Vincent

De cette balade avec Vincent je reviens bouleversée. Je me demande si c'est la soif de Dieu qui le fait pleurer. Mais l'atmosphère du musée me pèse soudain : à mon goût, trop de visiteurs bavardent de façon inconséquente devant les éternités que Vincent offre passionnément à contempler. Je suis consternée par tant d'indifférence. J'aspire soudain à retrouver le soleil qui inonde aujourd'hui les ruelles encanotées d'Amsterdam. Ses éclats de lumière me feraient peut-être oublier Vincent, laisser ses images qui empoignent mon cœur tellement elles vont au-delà de la simple représentation. Je suis si effrayée de toucher à ce trop-plein de lucidité, à tant d'immensités posées, là, sur de simples toiles… Que m'arrive-t-il soudain ? La tête me tourne. J'ai l'impression qu'un tourbillon me soulève le coeur… Les toiles vacillent, se mettent à tanguer puis à virevolter autour de moi...

On me secoue gentiment tandis que j'entends quelqu'un appeler au secours au téléphone « Mevrouw, bent u ? Mevrouw… » Je me remets peu à peu et tente de rassurer le gardien en uniforme qui s'évertue à me ramener dans le piège d'une réalité terrestre opaque et bienveillante alors que je n'en ai pas très envie. Je me relève pourtant et m'assois sur la chaise qu'il me présente. Il file chercher un verre d'eau. A son retour, je n'ose avouer au gardien qui s'inquiète de me voir rêver, que je me suis évanouie à l'ombre de Lui. Je le remercie simplement et prends très vite congé.

La magie du moment passé aux côtés de Vincent s'en est allée. Malgré la fatigue qui me terrasse et l'appel d'un joyeux printemps au dehors, incorrigible de curiosité et d'impatience car je pourrais revenir demain, je décide cependant de prolonger mon périple à travers les éblouissements d'un maître que je ne me résous pas à quitter.

Héritier d'une enfance bucolique, rongé par le besoin d'espaces, quand il résidait à Paris Vincent parcourait marchés et parcs et, à celui qui lui demandait où il allait il répondait: « Je vais, je vais observer les arbres pousser; je vais, je vais contempler les fleurs coupées; cela me met en bouche une saveur d'éternité perdue.» Ainsi s'évertuait-il toujours plus loin à faire parler les marguerites et les tournesols mais aussi les dahlias, les iris et les chrysanthèmes en un tour de main.

C'était pour lui un exercice de débutant que de cerner les mystères d'un bouquet dans un vase, il lui fallait cependant plus folles aventures car l'envie de découvrir encore et encore la couleur, le goût des choses et des êtres le tenaillait. Alors il portraiturait. Pauvre parmi les pauvres, quand ses modèles n'étaient ni de bois, ni d'air ou d'eau, il devait les choisir parmi ses rencontres.

En faisant connaissance avec ceux qu'il côtoyait quotidiennement, je ne peux m'empêcher d'évoquer mentalement un nu exécuté dans sa jeunesse : celui de Sien.

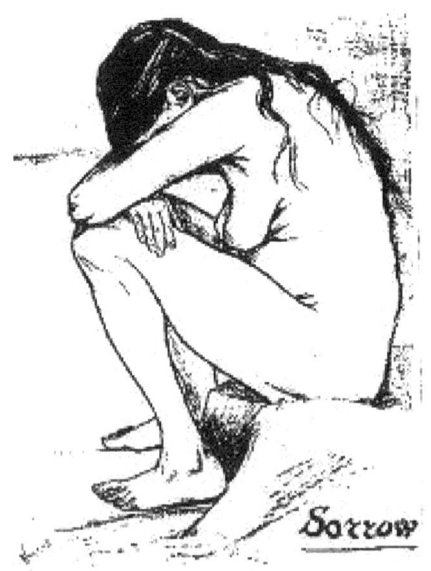

Véritable plaidoyer pour la condition féminine, en quelques traits de crayon, Vincent a su suggérer plutôt que décrire l'appel douloureux jaillissant du bout des seins de sa chère amie. Je l'imagine qui d'un geste attentif et précis, sans équivoque, violent et doux, impertinent et grave à la fois, trace le cri d'extrême fatigue et d'infortune de cette femme pour en faire un chant commun à l'humanité. Je voudrais tant le voir, ce dessin. Le gardien qui, depuis mon malaise, n'est jamais loin de moi, me répond aimablement que cette oeuvre n'est pas à Amsterdam.

Quand il vivait à Paris, Vincent aimait aussi à représenter les ponts, les barques, les bateaux, les rives du fleuve mais surtout ses reflets qui laissaient miroiter le ciel dont jamais il n'a jamais pu se détacher. « Mais je n'y restais pas longtemps dans ces villes brumeuses où je me sentais trop enfermé à l'écart de la lumière. Tout me portait à vivre dans la nature, je pouvais y étancher pleinement ma soif de comprendre ma différence.»

Vincent de nouveau me surprend, je le croyais parti et pourtant, il revient se confier. De peur qu'il ne fuie de nouveau, je me tais tout en me félicitant d'avoir prolongé ma visite malgré ma fatigue. Il ajoute enfin que chaque fois que le jour se levait, son regard avait soif de se confronter à l'infini. C'était pour lui respirer. Et, quand il revenait à la vraie Nature comme il appelait son coin de campagne ébloui par le soleil méridional, peu à peu, de nouveau porté vers la confiance, il retrouvait sa fougueuse insouciance et reprenait sa quête au-delà des apparences.

« Mon amour de la vie se nourrissait ainsi et, il me consolait d'avoir à conjuguer de trop grandes exigences terrestres pour mon âme aérienne... J'exprimais à travers mes visions mon émoi de toucher au cœur du divin et la peur de m'y perdre. C'était ma façon de me marier avec la nature et l'art de la dévoiler. En peignant ses ornements familiers, je forçais son intimité et flattais merveilleusement son orgueil… Chaque jour je devais exprimer ce que je me rappelais d'une existence qui me revenait par bribes. Des réminiscences trop fragmentées qui me torturaient. J'ai compris très tôt que mon voyage terrestre consistait à les rassembler. Cela ne ressemblait en rien à ce que mes proches pouvaient exiger de moi.

Rencontre avec Vincent

- Mais cela était, lui répondis-je sans plus aucune crainte car je savais dorénavant que nous nous étions habitués l'un à l'autre. Vincent, à la manière d'un prophète, tu leur parlais des choses divines dont ils t'avaient privé et tu laissas, cœur endurant, en héritage à l'humanité, de pures intuitions au parfum d'éternité lavées de tout discours.

- Quand mon regard s'éloignait à tire d'aile pour rejoindre le mystère des fleurs, les miens craignaient que je n'aie perdu le sens commun. Pour me protéger de moi-même, ils m'ont placé sous bonne surveillance médicale. Ainsi je m'étiolais. Rester sans dessiner, peindre, barbouiller à l'infini la musique du ciel et son silence m'asphyxiait. Toutes ces couleurs parfois chuchotaient et parfois hurlaient à mon oreille une joie si mystérieuse qu'elle en devenait insoutenable. Elles m'attiraient, me happaient, m'ensorcelaient et malgré les recommandations de mon médecin qui m'interdisait toute émotion, je m'acharnais sans discernement à m'offrir des voyages intérieurs, à chercher la joie dans la lumière qui m'étourdissait. Parfois, sans forces, je devais laisser les pinceaux et partir pour où l'on disparaît à jamais car l'éclaboussure était trop brûlante, insoutenable… Mille fois j'ai cru me frotter au divin et c'est le diable que j'ai rencontré…Vois-tu, les hommes ont créé le diable pour les éloigner de leur âme, de celle du monde… finit-il par avouer.

- Alors que tu peignais des allégories de Dieu ?

- Dieu supporte-t-il qu'en chantant ses refrains millénaires l'homme révèle ses intentions ?

Vincent est rêveur, il cherche ses mots au plafond.

- Je m'étais aperçu que certains hommes connaissaient le chemin où je m'étais engagé, et d'autres faisaient semblant de savoir. La majorité s'inquiétait et me taxait de fou. A partir du jour où je n'eus plus aucun doute il était trop tard pour me sauver.

- Tu te plaignais que le tombeau t'appelait inlassablement et que le voyage était long et épuisant vers le divin.

Rencontre avec Vincent

- Dans ce caveau de pierre jamais je ne coucherai mon âme ; au cœur de ce sanctuaire jamais je ne l'enfermerai… J'étais obsédé par ces mots et ce qu'ils me demandaient d'efforts pour vivre. J'arrimais mon regard aux beautés naturelles car mon âme était sans cesse tirée vers l'invisible. Parfois, les rumeurs qui me trottaient dans la tête enflaient. Alors, épouvanté d'avoir à subir telle quête, je criais pour les faire taire… je ne sais plus…

- Moi je sais : tu hurlais que tu ne pouvais plus supporter ton âme mal-née, qu'elle te pesait jusqu'à t'épuiser. Parfois la douleur était intolérable et tu tentas à diverses reprises de mettre un terme à tes souffrances.

- A force de scruter l'infini, il me fallait choisir. Vaincu, je renonçai plusieurs fois à traduire l'invisible. Mon âme ardente, trop lasse d'avoir à lutter, arrivait au terme de ses pérégrinations entre terre et ciel.

- Mais à chaque fois, le hasard ou ton médecin te convoquaient de nouveau sur terre. Après ces tentatives de te soustraire à si terrestres épreuves, trop fatigué pour te rendre à l'atelier, tu reprenais des forces dans ta chambre où tu devais te résigner à ruminer ta peur. « Ce n'était pas mon heure » répétais-tu en faisant semblant de dompter tes visions devant les infirmiers. Quand le médecin te permettait de prendre l'air au jardin où il limitait tes pas, tu inventais de nouveau des dialogues entre les bleus profonds et les verts froids pour exprimer les fragrances mystérieuses des fleurs et le goût des sommets lointains qui se dessinaient par-delà les oliviers et les lavandes. L'immense désespoir de ne jamais arriver au bout du chemin te prenait alors irrémédiablement, n'est-ce pas ?

- Rien ni personne ne pouvait me retenir, j'entendais inlassablement comme un appel irrésistible, bienveillant qui me promettait le repos après l'enfer, la lumière après l'orage…

- Et tu échappais à tes gardes en sautant les barrières pour chercher encore et toujours l'arbre qui te parlerait, la montagne qui t'appellerait…

\- … ou le coin de ciel qui embaumerait mon éternité. La quête était vaine mais je ne le savais pas. Un jour… ne dominant plus mon émoi…

\- On a une fois de plus appelé ton médecin. Il te trouva allongé au cœur d'un champ de blé, avec des bleus torturés par l'orage pour ciel de mort. D'espoir consumé, las de déjouer les pièges du divin, tu avais définitivement déshabillé la plaine sous l'orage. Tu t'en es allé ainsi, signant ton testament d'une ultime image de fureur mélancolique sous le ricanement terrible des corbeaux. Ce jour-là, tu cherchais encore comme si tu n'avais jamais rien appris. Dernier souffle, derniers tourments, dernière toile…C'était l'été.»

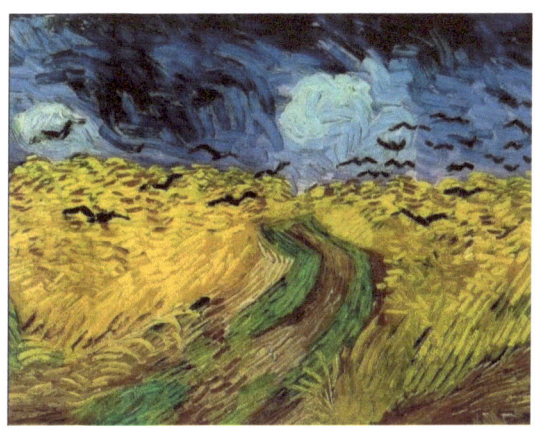

Rencontre avec Vincent

Ta naissance, Vincent, une chute brutale parmi les hommes, te permit plus qu'à tout autre d'ouvrir la porte vers l'invisible et de moins mourir aussi, car tes couleurs allument toujours le feu de Dieu dans le cœur de ceux qui savent regarder pour mieux aimer.

Voilà donc le sort réservé à une âme contrariée.

TABLE DES ILLUSTRATIONS

Toutes les œuvres sont au Musée Van Gogh d'Amsterdam, sauf Sorrow, le portrait de Sien qui est au Museum and art Gallery de Walsall

Page 3 : Sortie de l'église à Nuenen, janvier 1884

Page 6 : Tête d'homme de profil, portrait de Théo?

Page 8 : Les souliers, été 1886

Page 10 : Branches fleuries d'amandier, février 1890

Page 13: Champ de blé à l'alouette, printemps 1887

Page 17 : La chambre de Vincent à Arles, septembre 1888

Page 20 : Nuit étoilée sur le Rhöne, septembre 1888

Page 23 : Champ et ciel orageux, juillet 1890

Page 26 : Sorrow, portrait de Sien son amie, Clasina Maria Hoornik , avril 1882, mine de plomb et crayon noir

Page 33 : Champ de blé derrière l'hospice, 1889

www.ingramcontent.com/pod-product-compliance
Lightning Source LLC
Chambersburg PA
CBHW041944240526
45473CB00033B/503